GROSSE FISCHE
kleine Fische

TEXT und ILLUSTRATION

TINA RAU

Langsam wird es dunkel im Blauland.
Wie jeden Abend treffen sich die Fizzli-Puzzlis
auf ihrer großen Wiese.
Sie warten auf den Farbenkönig. Er besucht sie
immer um die gleiche Zeit und erzählt ihnen vor
dem Schlafengehen Geschichten.

Es dauert gar nicht lange, da betritt der König auch schon die Wiese.
Die Fizzli-Puzzlis nehmen ihn voller Freude in ihre Mitte.
„Wie schön, daß du da bist, Farbenkönig. Erzählst du uns wieder vom großen, blauen Meer? Au ja – bitte, bitte!", rufen alle ganz aufgeregt.
„Vom großen blauen Meer soll ich euch erzählen? – Also hört zu!"

In der Meerwelt gibt es wundersame Dinge.
Auf dem Grund stehen Berge, manche sind so
hoch, daß sie sogar aus dem Wasser ragen.
Zu ihnen sagen die Menschen Riffe.
Die Pflanzen im Meer sehen aus wie kleine
Sträucher und Bäume. Sie leuchten in allen
Regenbogenfarben und heißen Korallen.
Ihr könnt euch das alles einmal selbst ansehen;
laßt mich ein ganz klein wenig zaubern"…

Diese Nacht noch werde ich vier von euch für einen ganzen Tag in's Meer zaubern. Aber ihr müßt entscheiden, wer auf die Reise gehen soll."
„Wie schön, Farbenkönig! Wir zählen gleich aus:
ene, mene mu,
fuzzli-pizzli, fuzzli-pizzli,
pizzli-fuzzli, pizzli-fu…
in's Meer gezaubert wirst gleich du!" –
Im Blauland ist jetzt tiefe Nacht, und der Zauber breitet sich behutsam über die vier auserwählten Fizzli-Puzzli's aus…

Die Vier wachen am nächsten Morgen tatsächlich auf dem Meeresgrund auf und treffen die Seeschlange Ringel-Wingel.
„Wir sind die Fizzli-Puzzlis aus dem Blauland. Dürfen wir dich ein Stück durch die Meerwelt begleiten?"
„Aber gerne", antwortet Ringel-Wingel, „haltet euch gut an mir fest."
Sie kichert ein paarmal leise, wenn ihr Bauch das Seegras streift, – das kitzelt so schön!

Als sie bei den Korallen ankommen,
da staunen die Fizzli-Puzzlis.
Der Farbenkönig hatte recht gehabt!
Prächtig sehen sie aus und schillern tatsächlich
in allen Farben des Regenbogens.
„Ja, sie sind wunder – wunderschön,
unsere Korallen", sagt Ringel-Wingel.
„Aber kommt, ich will euch unbedingt meiner
Freundin Klara vorstellen."
Auf dem Rücken der Schlange geht's,
ringeldiwingel, weiter durch's Meer.

Die Krake macht große Augen, als sie die Fizzli-Puzzlis sieht.
Beinahe wickelt sie aus Versehen einen dicken Knoten in ihre vielen Fangarme.
„Was seid denn ihr für komische Fische?"
„Guten Tag, Klara Krakel", sagt Ringel-Wingel.
„Das sind keine Fische. Das sind die Fizzli-Puzzlis aus dem Blauland."
Sie spielen alle noch eine Weile miteinander. Dann verabschieden sich die Fizzli-Puzzlis von Klara Krakel und Ringel-Wingel und setzen ihre Reise durch's Meer fort.

"Seht mal", ruft da ein Fizzli-Puzzli,
"da sind Muscheln, ein dicker Seestern;
und einen Seeigel sehe ich auch im Sand!"
Neugierig betasten sie alles, nur nicht den
Seeigel. – Der würde sicher pieksen. –
Plötzlich hören sie, wie eine große Muschel sagt:
"Hallo, ich bin die Muschel Marlene. Wollt ihr
meine schöne Perle sehen? Die hab' ich selbst
gemacht", erklärt sie stolz.
"Ein Sandkorn hat mich immerzu gekitzelt.
So habe ich einfach Schleim darum gelegt,
und es entstand die Perle."
Da staunen die Fizzli-Puzzlis, sie sind gespannt,
was sie noch alles erleben werden.

Ganz aufgeregt schwimmen ihnen zwei
kleine Fische entgegen:
„Wir sind Blubberbo und Blubberbu. Helft uns!
Es ist 'was Schreckliches passiert!"
„Wie können wir euch helfen?",
fragen die Fizzli-Puzzlis.
„Ein großer, dicker Fisch hat unseren Bruder
durch's ganze Meer gejagt. Vor lauter Schreck ist
Blubberbi dann in eine Riffspalte geschwommen.
Jetzt ist er eingeklemmt und kommt alleine nicht
mehr raus!", weint Blubberbo.
„Seid nicht traurig!", trösten die
Fizzli-Puzzlis, „wir helfen euch."

Blubberbi sitzt wirklich fest.
Die Fizzli-Puzzlis schieben hinten, zerren vorne und drücken ihn vorsichtig an beiden Seiten.
„Die großen Fische ärgern und erschrecken uns immer," wimmert Blubberbi.
„Sie fressen uns die dicksten Brocken weg und sagen, wir kleinen Fische sind zu nichts zu gebrauchen!"
Da macht es einen Ruck –
Blubberbi ist frei.
„Vielen, vielen Dank", rufen die kleinen Fische.
„Kommt mit. Wir zeigen euch etwas, das außer uns niemand je gesehen hat."

Seht! Da ist das alte Schiff. Es ist vor vielen, vielen Jahren hier untergegangen, als über dem Meer ein fürchterlicher Sturm tobte.
Auch die Schatzkiste ist noch da.
Wenn ihr sie sehen wollt, müßt ihr noch ein Stück hinuntertauchen.
Wir bleiben hier oben beim Schiff und warten auf euch."

„So ein großer Schatz", ruft ein Fizzli-Puzzli!
„Lauter Gold und Perlen und glitzernde Ringe.
Auf dem Meeresgrund sieht so ein Schatz noch
viel, viel schöner aus!"
Über ihnen setzt plötzlich lautes Geschrei ein.
„Was mag da oben wohl los sein?
Ich glaube, unsere drei Freunde haben vor irgend
etwas Angst. Laßt uns schnell hochschwimmen
und nachsehen."

Was die Fizzli-Puzzlis oben sehen,
versetzt sie in Angst und Schrecken.
Ein riesiger Fisch verdreht die Augen und brüllt
laut durch's Meer:
„Helft mir, helft mir doch!
Ich habe solche Schmerzen!"
Er jammert: „Ich habe einen Angelhaken
verschluckt, und der piekst mich ganz fürchterlich
im Bauch. Ich kann seit gestern nicht mehr
schlafen, spielen oder fressen."
„Wir sind doch nur kleine Fische", sagt Blubberbo,
„wie können wir dir denn helfen?"
„Gerade weil ihr klein seid, könnt ihr helfen",
sagt ein Fizzli-Puzzli. „Ihr könnt in den Bauch
vom großen Fisch schwimmen und ihn vom
Angelhaken befreien."

Also gut", sagt Blubberbi, „die Fizzli-
Puzzlis haben mir geholfen. Jetzt helfe ich dir,
großer Fisch. Aber zwei Bedingungen:
erstens, versprich mir, daß du nicht einfach dein
Maul zuklappst und mich verschluckst –
und zweitens möchte ich, daß mich ein Fizzli-
Puzzli begleitet. Alleine traue ich mich nämlich
doch nicht."
Der rote Fizzli-Puzzli sagt gleich:
„Ich werde dich begleiten."
„Ich verschlucke euch bestimmt nicht –
bei meinem Bauchweh habe ich sowieso keinen
Appetit", sagt der große Fisch.

Ungeduldig warten Blubberbo, Blubberbu und die Fizzli-Puzzlis auf die Rückkehr ihrer beiden Freunde aus dem Maul des Riesenfisches. Der beginnt auf einmal, zufrieden zu lächeln, und schon schwimmen die kleinen »Fischärzte« mit dem Angelhaken herbei.
Der große Fisch strahlt:
„Ich kann euch gar nicht sagen, wie dankbar ich bin. Ohne euch hätte ich jetzt immer noch meine Bauchschmerzen.
Das habt ihr großartig gemacht!
Kommt mit. Ich muß euch unbedingt meinen Freunden vorstellen.
Übrigens: mein Name ist Pit Paddler.
Und wer seid ihr?"

Pit Paddler schwimmt mit seinen kleinen
Freunden zu den großen Fischen und erzählt die
ganze Geschichte.
„Wie ihr seht", sagt er ernst zu seinen großen
Freunden, „die kleinen Fische sind längst nicht
so unnütz, wie wir gedacht haben.
Und dabei haben wir sie immer nur geärgert,
haben ihnen die dicksten Brocken weggefressen
und sie durch's ganze Meer gehetzt.
Das muß jetzt anders werden!"
„Recht hast du, Pit Paddler", sagt seine Freundin,
Flora Flosser. „Ja, das darf nicht mehr vor-
kommen", meinen auch Sabine Schuppe und
Karl Kiemer. „Von nun an wollen wir einander
helfen. Kommt alle mit in's »Große-Fische-Riff«!"
– Es war ein langer Tag…

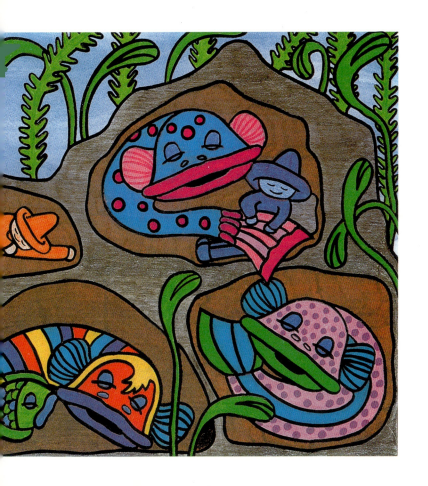

Am Tag darauf wachen die Fizzli-Puzzlis
wieder im Blauland auf.
Noch sind ihre Gedanken ein kleines bißchen in
der Meerwelt.
Doch sie freuen sich, vom Farbenkönig und ihren
Freunden so fröhlich begrüßt zu werden.
Und sie beginnen zu erzählen:
- von Ringel-Wingel, der Seeschlange
- und Klara Krakel.
- Vom Seestern und dem Seeigel
- und von der Muschel Marlene mit ihrer wunderschönen Perle...
Sie vergessen niemanden,
nicht Blubberbi, Blubberbo und Blubberbu,
nicht Pit Paddler, Sabine Schuppe, auch nicht
Karl Kiemer und Flora Flosser. -